Florian Schropp

Risikoabschätzung bei der Festlegung von Vertriebswegen unter Berücksichtigung der Zielvorstellungen des Unternehmens

GRIN Verlag

Bibliografische Information der Deutschen Nationalbibliothek:

Die Deutsche Bibliothek verzeichnet diese Publikation in der Deutschen National-bibliografie; detaillierte bibliografische Daten sind im Internet über http://dnb.d-nb.de/ abrufbar.

Impressum:

Copyright © 2011 GRIN Verlag GmbH
Druck und Bindung: Books on Demand GmbH, Norderstedt Germany
ISBN: 978-3-656-41274-8

Dieses Buch bei GRIN:

http://www.grin.com/de/e-book/212758/risikoabschaetzung-bei-der-festlegung-von-vertriebswegen-unter-beruecksichtigung

FOM Hochschule für Oekonomie & Management

München

Berufsbegleitender Studiengang zum

Bachelor of Arts (International Management)

6. Semester

Seminararbeit im Fach „Operative Marketing"

"Risikoabschätzung bei der Festlegung von Vertriebswegen unter Berücksichtigung der Zielvorstellungen des Unternehmens"

Autor: Florian Schropp

München, 01.08.2011

Inhaltsverzeichnis

Abbildungsverzeichnis

Abkürzungsverzeichnis

B to B	Business to Business
CRM	Customer Relationship Management
EBIT	Earnings before Interest and Tax
GFGH	Getränkefachgroßhändler
HL	Hektoliter
R&D	Research and Development
SWOT	Strengths/Weaknesses/Opportunities/Threats

1 Einleitung

Durch die stetig steigende Wettbewerbsintensität auf den Märkten sehen sich Unternehmen immer mehr mit der Frage konfrontiert, ob eine Änderung bei der Festlegung ihrer Vertriebswege wirtschaftlich sinnvoll ist. Hierbei spielen die Zielvorstellungen des Unternehmens sowie die Risikoabschätzung eine maßgebliche Rolle. In dieser Arbeit sollen diese Faktoren anhand des bayerischen Biermarktes aus Sicht der produzierenden Brauerei dargelegt und kritisch analysiert werden. Als Beobachtungsrahmen gilt der Distributionskanal des Bieres von der produzierenden Brauerei bis zum Gastronomiekunden. Die aktuell gegebenen Strukturen, welche teils traditionell geprägt sind, befinden sich aufgrund von Veränderungen des Marktumfeldes in Bewegung. Nahezu alle bayerischen Brauereien sind in der Lage Gastronomiekunden innerhalb ihres Kernmarktes durch bestehende direkte Distributionswege mit ihren Bieren zu beliefern. Getränkefachgroßhändler haben ihr Geschäftsfeld in der Vergangenheit kontinuierlich um die Belieferung von Gastronomieobjekten erweitert, was bis vor einigen Jahren noch nicht von Bedeutung war. Somit stellen die indirekten Vertriebswege der Getränkefachgroßhändler ein konkurrierendes Geschäftsmodell zu den Direktvertriebswegen der Brauereien dar. Das Erstarken der Getränkefachgroßhändler ist auf ein verändertes Gästeklientel in der Gastronomie zurückzuführen, welches auch das Beschaffungsmanagement des Gastronomiekunden beeinflusst. Um den Vorstellungen seiner Gäste zu entsprechen bietet der Gastronom mittlerweile mehrere verschiedene Bier an, deren Beschaffung über einen Händler einfacher ist. Somit stehen sich bayerische Brauereien in einem hart umkämpften und atomisierten Anbietermarkt zusätzlich noch den Getränkefachgroßhändlern gegenüber. Im Markt der Gastronomiedistribution können aus momentaner Sicht beide Parteien nur bedingt miteinander arbeiten aber um zukünftig erfolgreich zu seien ist eine Kooperation zu analysieren und zu bewerten.

2 Vertriebswege

Brauereien im bayerischen Raum stehen vor der Entscheidung ob sie einen direkten oder indirekten Absatzweg für die Belieferung ihrer Gastronomiekunden wählen. Aufgrund der alteingesessenen Strukturen ist nahezu jede der „678 bayerischen Brauereien" (Brauerbund, 2011) im Besitz einer eigenen Logistik inklusive eines eigenen Fuhrparkes, welcher den Kernmarkt der jeweiligen Brauerei durch den direkten Distributionsweg bedienen kann. Hierbei bieten die Brauereien sowohl ihr Vollsortiment an Bier sowie auch alkoholfreie Getränke als Handelsware zum Verkauf an, wobei sie aktiv den indirekten Vertrieb wiederum ihrer Handelswarenpartner ausüben. Alternativ hierzu kann eine Brauerei den indirekten Vertriebsweg ihrer erzeugten Produkte wählen, was sowohl innerhalb und außerhalb ihres Kernmarktes Anwendung zur Belieferung von Kunden findet.

2.1 Aufgaben der Distribution

„Die Amerikaner führten den Distributionsbegriff ein." (Winkelmann, 2008, S. 11) Im Zuge der Industrialisierung waren die Farmer in der Lage genügend Lebensmittel zu produzieren; aber auf Grund des explodierenden Nahrungsmittelbedarfes in den Städten musste die Warenverteilung grundlegend neu organisiert werden (Winkelmann, 2008, S. 11). Der Distributionsbegriff umfasst alle Aktivitäten, die die körperliche und wirtschaftliche Verfügungsmacht über materielle Güter von einem Wirtschaftssubjekt auf ein anderes übergehen lassen (Specht, 1998, S. 3). Die Aufgaben der Distributionspolitik lassen sich in verschiedene zu erfüllende Schlüsselfunktionen einteilen.

- Physische Verteilung: Lagerung, Sortieren, Zusammenstellen, transportieren und Verteilen der Ware an die Endkunden.
- Risikoübernahme: Beschädigungs-, Diebstahl-, Transport- und Inkassorisiken
- Kontaktaufbau und –pflege: Bestehende Kunden sowie Akquisitionskunden werden in Kontakt mit den Produkten sowie den Herstellern gebracht.
- Finanzierungsfunktion: Branchenübliche Gastronomiefinanzierungen werden in Form von Darlehen oder Kostenzuschüssen erbracht.
- Koordinationsprozess: Beratung und Angebot des bedarfsgerechten Getränkeangebotes von Sortiment und Gebindegrößen.
- Absatzfunktion: Preis- und Konditionsverhandlungen mit Herstellern und Endkunden sowie die Förderung und Ausschöpfung der Absatzpotenziale im Markt.
- Qualitätssicherung: Lagerung und Transport unter Ausschluss intensiver negativer externer Einflussfaktoren wie Hitze und Licht.

2.1.1 Direktvertrieb

Traditionell spielt der Direktvertrieb bei Brauereien eine übergeordnete Rolle. Um nicht einer Nachfragemacht des stetig stärker werdenden Getränkefachgroßhandels und der damit verbundenen schwierigen Preisverhandlungen schutzlos ausgeliefert zu sein, werden diese Direktvertriebsstrukturen aufrecht erhalten und forciert. „Einem Hersteller von Konsumgütern stehen beim Absatz seiner Produkte unterschiedliche Formen des Direktvertriebs zur Verfügung, die häufig je nach Unternehmenssituation auch kombiniert zum Einsatz gelangen" (Nieschlag, Dichtl, & Hörschgen, 2002, S. 918)

1. Der klassische brauereieigene Außendienst stellt das direkte Bindeglied zwischen der Brauerei und dem Gastronomiekunden dar. Die Repräsentation des Außendienstes erfolgt durch wirtschaftlich abhängige Angestellte oder durch freie Handelsvertreter. Er ist zuständig für das gesamte CRM „Face to Face" mit dem Kunden und ist Ansprechpartner für sämtliche Belange analog der Schlüsselfunktionen der Distributionspolitik (vgl. Abschn. 2.1).

2. Bei zahlreichen kleinen Brauereien übernehmen die Verkaufsfahrer die Funktion des Außendienstes sowie die physische Lieferung der Getränke. Hierbei spielt der Personalkostenaspekt eine entscheidende Rolle.

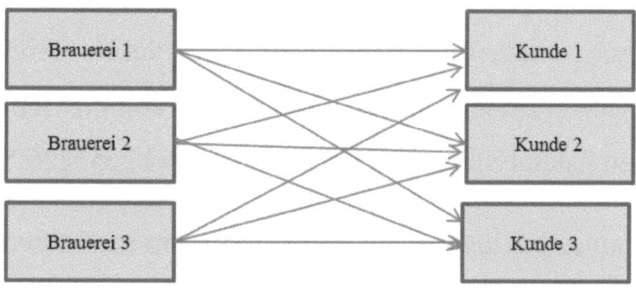

Abbildung 1: Quelle: Kottler, Armstrong, Wong, Saunders S. 1005

Oftmals beziehen Gastronomiekunden mehrere Biere unterschiedlicher Brauereien um der Nachfrage ihrer Gäste gerecht zu werden und ein stetig interessantes Bierangebot in ihrer Speisekarte vorweisen zu können. Dies bedeutet eine Vielzahl von Transaktionen auf dem Distributionsweg. Sowohl auf Seiten der liefernden Brauereien sowie auf Seiten des Kunden bei der Warenannahme, Kontrolle und Rechnungsbearbeitung.

2.1.2 Indirekter Vertrieb

Der Indirekte Vertrieb in der Getränkebranche erfolgt durch Intermediäre, welche sich Getränkefachgroßhändler (GFGH) nennen. Warum geben Bierhersteller die Distributionsfunktion zu Teilen an die GFGH's ab? Diese Aufgabenübertragung bedeutet letztendlich den direkten Kundenkontakt sowie die Steuerung des Absatzes teilweise aus der Hand zu geben. Die Kooperation mit Handelspartnern beruht darauf, dass GFGH`s den Markt effizienter bearbeiten können und sich Kostenvorteile und Markterschließungsmöglichkeiten ergeben. Bierproduzenten können ihre Ressourcen nun effizienter für die Herstellung des Bieres verwenden und die Kontakte, Erfahrung, Spezialisierung und die Economies of scale ihrer Handelspartner nutzen (Kotler, Armstrong, Wong, & Saunders, 2011, S. 1004).

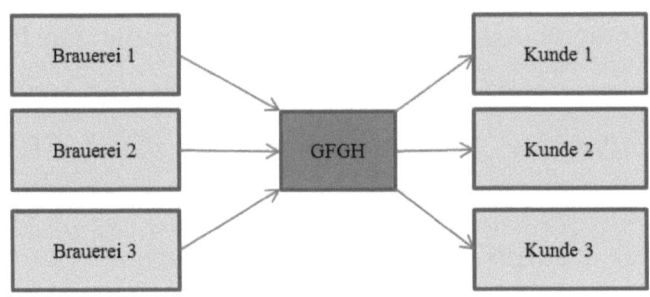

Abbildung 2: Quelle: Kottler, Armstrong, Wong, Saunders S. 1005

Die Abbildung 2 verdeutlicht die Reduktion der Transaktionskosten (vgl. Abbildung 1) bei der Nutzung eines Absatzintermediäres bei Belieferung des Gastronomiekunden.

Bei intensivem Absatz streben die Brauereien hohe Präsenz ihres Teilsortimentes von Bieren an und versuchen diese mittels einer Vielzahl von GFGH Partnern in möglichst vielen Gaststätten zu listen (Nieschlag, Dichtl, & Hörschgen, 2002, S. 917).

Durch den Ansatz eines exklusiven Vertriebes wird ein am besten geeigneter Vertragshändler in die Lage eines Alleinvertriebsberechtigten gesetzt. Hierbei wird ihm ein geographischer Gebietsschutz zu teil und schützt ihn vor rivalisierenden Wiederverkäufern und den damit verbundenen Preiskämpfen (Nieschlag, Dichtl, & Hörschgen, 2002, S. 917).

2.2 Auswahl des Vertriebsweges

Ob eine Brauerei Vertriebsaufgaben durch einen eigenen Außendienst und durch die eigene Logistik oder über GFGH`s wahrnehmen lässt, hängt stark von seiner Finanzkraft ab, da beispielsweise der Aufbau und Unterhalt eines Außendienstteams sowie des Fuhrparks zu einer erheblichen Belastung durch Fixkosten führt. Bei indirektem Vertrieb haben marken- und finanzstarke Hersteller die Möglichkeit gestaltend auf ihre Intermediäre einzuwirken, während wirtschaftlich schwächere Brauereien sich den Vorstellungen des Handels unterordnen müssen (Nieschlag, Dichtl, & Hörschgen, 2002, S. 924)."Wichtig ist, dass bei der Entscheidung über die zu wählenden Vertriebswege die potenziellen Kunden und ihr Kaufverhalten im Zentrum der Betrachtung stehen."

(Detroy, Behle, & Hofe, 2007, S. 448) Das Bier einer Brauerei sollte dort präsent sein, wo der Kunde auch die höchste Kaufbereitschaft aufweist.

Die Auswahl und Beurteilung der Absatzwegentscheidung hängt insbesondere von der Relevanz der Umweltfaktoren ab.

1. Ökonomische Faktoren: Stehen Fixkostenaufwand des direktem Absatzweges dem Nutzen und dem Ertrag positiv gegenüber.
2. Soziokulturelles Umfeld: Die traditionelle Verbundenheit der regionalen Gastronomie zu ihrer Heimatbrauerei erfordert eine intensive persönliche Betreuung.
3. Ökologiebewußtsein: Händler können den gesamten Getränkebedarf des Gastronomen umweltschonender durch einen Anlieferungsvorganges befriedigen.

3 Zielvorstellungen

„Den Beginn eines Managementprozesses bildet im Idealfall die Zielfestlegung. Diese bestimmt in Verbindung mit den erarbeiteten Strategien Ausmaß und Richtung zukünftiger Entwicklungen von Unternehmen" (Bruhn & Homburg, 2010, S. 19)

3.1 Kundenbindung

3.1.1 Dimensionen der Kundenbindung

Seit Jahrhunderten gelingt es den bayerischen Brauereien eine einzigartige Kundenbindungsstrategie zu verwirklichen. Gerade in den ländlicheren Regionen ist vermehrt eine Art „Retrorevival" unter folgendem Motto zu vernehmen: „Bier braucht Heimat". Hinter dieser Aussage verbirgt sich eine ganz enge Verbindung der Konsumenten und Kunden mit ihrer Brauerei vor Ort oder in näherer Umgebung. Problematisch ist es dann wenn es mehrere konkurrierende Brauereien vor Ort oder auch überregional gibt. Gerade aus diesem Grund ist es umso wichtiger, dass Brauereien ihre Ziele im Bereich der Kundenbindung in einem stark konkurrierenden Marktumfeld mit einem jährlichen Rückgang des Pro Kopf Konsums anhand der Dimensionen der Kundenbindungsstrategien definieren. „Der Absatz der deutschen Brauereien und Bierlager lag im Berichtsjahr 2009 bei 100,0 Millionen Hektoliter (hl). Das ist ein Rückgang von -2,8 % gegenüber dem Vorjahr. Im Jahr 2009 produzierten in Deutschland 1.327 Brauereien den beliebten Gerstensaft. Mit 631 Braustätten befand sich ungefähr die Hälfte in Bayern. Mit einem rechnerischen Pro-Kopf-Verbrauch von 104,8 Liter ist Bier noch immer das meistgetrunkene alkoholische Getränk in Deutschland." (Bundesamt, 2011)

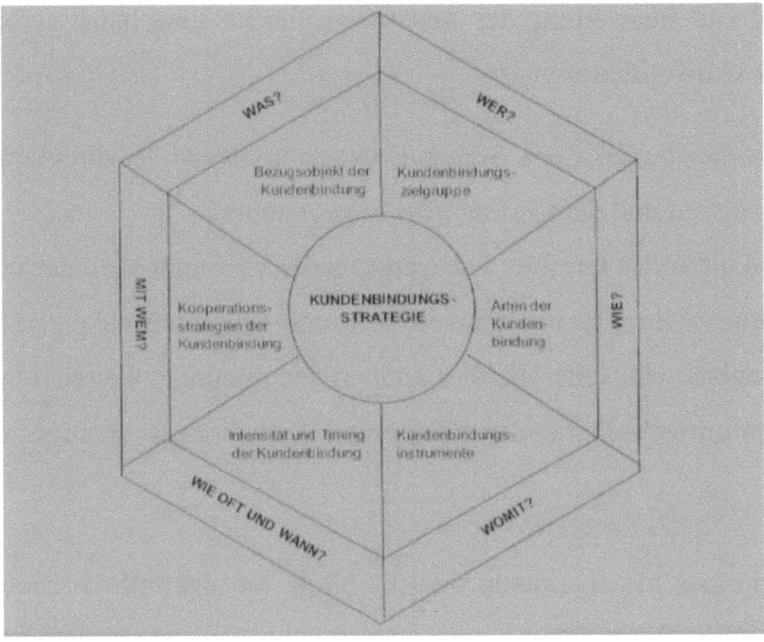

Abbildung 3: Quelle: Homburg/Bruhn, 2010, S. 20

Im ersten Schritt liegt bei der Kundenbindungsstrategie das Bezugsobjekt der Kundenbindung zu Grunde. Dies stellt konkret den Absatz und die Absatzförderung von Bier dar.

Im zweiten Schritt werden die Gastronomiezielgruppen anhand deren Objektgröße, der Absatzmenge sowie dem damit einhergehenden Umsatzpotenzial und dem Imagefaktoren segmentiert und kategorisiert. Aus dieser Sicht bedeutende Kunden erhalten ein A Ranking und unbedeutendere Geschäftspartner werden mit einem C-Kundenranking klassifiziert.

„In einem nächsten Schritt ist die Art der Kundenbindung näher zu bestimmen" (Bruhn & Homburg, 2010, S. 19) Dies erfolgt anhand folgender Kriterien:

- Situativ: Bestellt der Kunde aus Bequemlichkeit entweder direkt bei der Brauerei weil diese vor Ort ist oder bestellt er aufgrund seiner Sortenvielfalt mittels indirekten Absatzweg bei einem Getränkefachgroßhandel um Transaktionsvorgänge zu minimieren

- Vertraglich: Durch branchenübliche Maßnahmen wie Werbekostenzuschüsse und Darlehensverträge für Gastronomie- und Absatzstättenfinanzierungen ist es möglich einen Kunden für einen definierten Zeitraum an die Brauereien und deren Erzeugnisse zu binden. Ebenfalls kann hier der Absatzweg vertraglich festgelegt werden.

- Ökonomisch: Hierbei spielen die Wechselkosten eine bedeutende Rolle. Im Falle eines Brauereiwechsels durch den Gastronomen können insbesondere Preispolitische Wechselkosten wie attraktive Bonussysteme, Preisgarantien sowie bestimmte Arten der Preisdifferenzierung eine wesentliche Rolle spielen.

- Technisch-funktional: Brauereien arbeiten mit unterschiedlichen Anschlüssen bei ihren Bierfässern wie zum Beispiel Flachfittings oder Korbfittings. Ebenfalls müssen Bierschankanlagen auf die jeweilige Biersorte individuell mit Druckminderern auf deren Kohlensäuresättigung eingestellt werden. Diese Einstellungen und Fassanschlüsse variieren teilweise erheblich zwischen den Brauereien.

- Psychologisch: Die Psychologische Kundenbindung ist die effektivste Kundenbindung. Aufgrund von Überzeugung und regionalem Zugehörigkeitsgedanken sind Kunden welche aus freiwilligen Überzeugungsgründen das Bier einer Brauerei kaufen besonders wertvoll.

Im dritten Schritt werden die Kundenbindungsinstrumente definiert. Hierbei soll die Kundenzufriedenheit erhöht oder auch unfreiwillige Wechselbarrieren errichtet werden. Aus monetärer Sicht können dies Bonussysteme sein, welche gestaffelt nach Absatzvolumen einen Preisvorteil garantieren oder auch Kundenbindungsprogramme aus psychologischer Sicht sein. Brauereien wie Hacker-Pschorr bieten Wirteseminare als Kundenbindungsprogramm an, welches die Weiterbildung des Gastronomen zu günstigen Konditionen bietet und eine bedingte Exklusivität aufgrund der Begrenzung der Teilnehmerzahl darstellt (Hacker-Pschorr, 2011).

Bei dem vierten Schritt ist die Intensität und das Timing der Kundenbindung festzulegen. Bei Seminarreihen wie dem „Hacker-Pschorr Wirteseminar" werden am Anfang des Jahres die Programmdaten aufgelegt und anschließend erfolgt ein mehrfaches unterjähriges Erinnerungsmailing. Des Weiteren dienen Geburtstagsanschreiben der intensiven langjährigen Kundenbindung

Kooperationsstrategien der Kundenbindung sind das fünfte Element und können auf unterschiedliche Weise verwirklicht werden. Brauereien kooperieren gerne mit Herstellern anderer Produkte welche eine natürliche Kundennähe im Bereich Gastronomie zu dem Produkt Bier haben. Es können Kooperationen zwischen Brauereien und Herstellern von Küchengeräten oder Firmen deren Geschäftsmodell die Erstellung von Gastronomiekonzepte ist, eingegangen werden.

3.1.2 Relationship-Marketing

„Das Relationship-Marketing beinhaltet den Aufbau, die Pflege und Intensivierung stabiler Beziehungen zu den Kunden und zu anderen Interessengruppen". (Kotler, Armstrong, Wong, & Saunders, 2011, S. 432) Abbildung 3 zeigt die Verbindungen zwischen Hersteller, Kunde und Händler. Übertragen auf die Kundenbeziehung zwischen Brauerei und Gastronomen spiegelt sich der direkte Distributionskanal in den Bereichen Transaktionsmarketing und Relationship-Marketing wieder, wobei durch das Netzwerkmarketing darüber hinaus die Funktion des GFGH`s bei der indirekten Belieferung einer Absatzstelle aufgezeigt wird.

	Transaktionsmarketing	Relationshipmarketing	Netzwerkmarketing
Fokus	Profitable Transaktionen	Profitable Kundenbeziehungen	Vernetzung zwischen Unternehmen
Akteure	Käufer und Verkäufer in einem offenen Markt	Käufer und Verkäufer in einer Beziehung	Verkäufer, Käufer und andere Unternehmen
Kommunikation	Von Unternehmen an Markt	Von Individuum zu Individuum	Unternehmen auf verschiedenen Ebenen
Kommunikations-stil	Unpersönlich	Interpersonal	Multipersonal
Dauer	Einzelne Transaktion	Lebenszyklus der Kundenbeziehung	Andauernd, jedoch mit unterschiedlicher Intensität
Initiative	Verkäufer initiiert die Beziehung	Verkäufer steuert die Beziehung	Gegenseitige Beziehung

Abbildung 4: Quelle: Kotler, Armstrong, Wong, Saunders, S. 434

Das Relationshipmarketing ist die ideale Bezeichnung einer Geschäftsbeziehung zwischen einer Brauerei und einem gastronomischen Endkunden bei der Wahl des direkten Absatzweges. Der Außendienst sowie das Unternehmen stehen in direkter Beziehung zueinander und dies ist aus Sicht der Brauerei eine sehr profitable und wertvolle Kundenbeziehung.

Das Netzwerkmarketing bezeichnet die indirekte Beziehung von der Brauerei zum Endkunden mittels eines Getränkehändlers als Intermediär. Diese Vernetzung zwischen den Unternehmen ist förderlich für den Ausbau der Geschäftsbeziehungen im B to B Bereich, stellt aber auch eine zusätzliche Schnittstelle im Bereich des direkten CRM dar.

3.2 Quantitative und qualitative Ziele

Um von Visionen und Leitbildern zu konkreten Markthandlungen zu kommen, sind die Visionen und Leitlinien in überprüfbare Oberziele für die Gesamtunternehmung und für einzelne Unternehmensbereiche umzusetzen. Oberziele werden auf operative Planungseinheiten, die Zielträger im Unternehmen, heruntergebrochen. Die einzelnen Zielträgereinheiten übernehmen aus den Oberzielen die ihnen zugerechneten Zielbeiträge und starten einen rückmeldenden Zielabstimmungsprozess mit dem Management nach dem „Bottom up approach", um deren Plausibilität zu diskutieren (Winkelmann, Marketing und Vertrieb, 2004, S. 58).

- Quantitative Ziele sind anhand von Zahlen identifizierbar und geben hiermit die Möglichkeit diese Zahlen als Messgröße in Planungseinheiten zu implementieren.

- Qualitative Ziele sind nur schwierig Messbar und werden auch weiche Oberziele genannt, da diese nicht anhand von Zahlen darstellbar sind.

Ziele basieren auf folgenden Kriterien: 1. Operationalität, 2. Abstimmung mit anderen Zielen, 3. Ordnung der Ziele, 4. Erreichbarkeit. „Operationalität bedeutet, die Ziele so zu formulieren, dass konkrete Aktionen und die Kontrolle des Erfolgs möglich sind." (Detroy, Behle, & Hofe, 2007, S. 74)

Quantitative und Qualitative Oberziele	
Qualitative Ziele	Quantitative Ziele
• Existenzsicherung • Sozialer Betriebsfrieden • Beachtung ökologischer Nebenbedingungen • Innovationskraft • Kompetenz • Image • Markteinfluss, Macht • Mitarbeiterzufriedenheit • Kundentreue • Soziale Ziele • Ökologische Ziele	• Ergebnisse / Gewinne • Renditen (ROI, ROS) • Spez. Eigenkapitalquote • Auftragseingänge • Lagerbestände • Lieferservice-Grade • Kapazitätsauslastungen • Absatzmengen • Umsatzerlöse • Marktanteile • Zielgruppen-Marktanteile • Spezielle Kostenziele • Wachstumsziele

Abbildung 5: Quelle: Winkelmann P., 2004 S. 58

Bei der Erstellung von Zielen und der Definition von Zielvorstellungen hängt deren Erreichung maßgeblich von der Wahl des Vertriebsweges ab. Bei den folgenden Beispielen werden zwei konkurrierende Ziele einer Brauerei erläutert welche quantitativer Art und somit messbar sind. Diese sind konkurrierend, da die Erreichung beider Ziele maßgeblich davon abhängig ist, ob der direkte oder indirekte Vertriebsweg gewählt wird.

1. Erhöhung des Umsatzes durch den Bierverkauf im Jahre 2011 um 10 %.

Zielerläuterung	Definition	Problemstellung
1. Was	Erhöhung des Umsatzes	Keine
2. Wie viel?	10%	Keine
3. Zielgruppe	Gastronomen bei Direktbelieferung GFGH bei Indirektbelieferung	Höhere Umsätze bei Direktbelieferung Niedrigere Umsätze bei Verkauf an Handelspartner
4. Zielgebiet	Kernmarkt und anschließende Märkte	Kernmarkt duch Direktbelieferung möglich Anschließende Märkte nur über Indirekten Vertrieb zu erschließen
5. Bis wann	2011	Keine

Hier wird das Grundproblem der Entscheidungsfindung über direkten und indirekten Absatzweg deutlich. Eine Erhöhung des Umsatzes um 10 % ist bei der Form der Eigenlogistik leichter möglich, da durch die Akquisition von Neukunden oder durch Preiserhöhungen und dem damit verbundenen hohen Abgabepreis leichter eine Umsatzsteigerung zu erzielen ist. Anders verhält sich dies bei der dem Verkauf an Handelspartner. Diese zahlen Rampenpreise, welche deutlich geringer sind da der GFGH die herstellende Brauerei in Bezug auf einen großen Teil der kostenintensiven Schlüsselfunktionen der Distribution entlastet und diese auf eigene Rechnung gegenüber dem abnehmenden Kunden erbringt. Somit müsste über den Handelspartner verhältnismäßig mehr Bier abgesetzt werden als durch den Direktvertrieb um eine Umsatzsteigerung von 10% zu erzielen.

2. Gewinnung von 30 Neukunden über 50 HL Absatz pro Gastronomiebetrieb in 2011.

Zielerläuterung	Definition	Problemstellung
1. Was?	Neukunden über 50 HL	Keine
2. Wie viel?	30	Hohe Anzahl
3. Zielgruppe?	Gastronomie	Keine
4. Zielgebiet?	Kernmarkt und anschließende Märkte	GFGH überregional stärker
5. Bis wann?	2011	Keine

Bei diesem Ziel wird klar deutlich, dass die Erreichung des Zieles nicht ohne Kooperation mit einem GFGH erfolgen kann. Die Stärke des GFGH liegt im regionalen und überregionalen Netzwerkmarketing, welche bei einer partnerschaftlichen Kooperation elementar wichtig und nützlich für die Erreichung des Zieles ist.

Unter der Annahme dass beide Ziele gleichermaßen und gleichwertig einem übergeordneten quantitativen Oberziel abgeleitet wurden, entsteht hier ein konkurrierender Zielkonflikt.

3.3 Ertragsziele

Als elementares Ziel eines Unternehmens gilt das Ertrags- und Gewinnziel. Nur wenn aus dem Geschäftsprozess eines Unternehmens der nötige Cash Flow und EBIT für Reinvestitionen in R&D sowie der nötigen laufenden Instandhaltungskosten generiert werden, ist die Brauerei auch weiterhin langfristig erfolgreich am Markt. Diese Geschäftsprozesse werden nach Michael Porter in neun wertschöpfende Aktivitäten anhand der Wertschöpfungskette als Analyse-Instrument gegliedert.

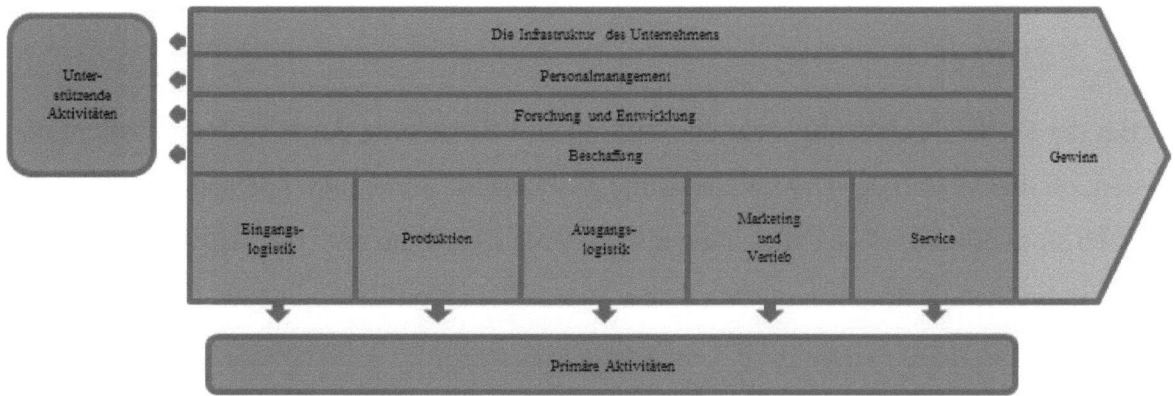

Abbildung 6: Wertschöpfungskette nach Porter

„Im Rahmen des Konzeptes der Wertschöpfungskette sollte das Unternehmen Kosten und Leistungsfähigkeit bei jedem wertschöpfenden Funktionsbereich überprüfen und nach möglichen Verbesserungen suchen". (Kotler, Armstrong, Wong, & Saunders, 2011, S. 424) Zu den primären Aktivitäten einer Brauerei in Bezug auf die Festlegung des Vertriebsweges zählen:

1. Die Ausgangslogistik sowohl an einen GFGH im indirekten Absatzweg als auch die Ausgangslogistik zum Gastronomen bei dem direkten Absatzweg. Hierbei liegt der Schlüssel zur Generierung der Erträge einer Brauerei. Da bei der Kooperation mit einem Händler die Ausgangslogistik beim Beladen des abholenden LKW endet, stellt diese Variante keine weiteren Möglichkeiten der zusätzlichen Generierung von Erträgen dar. Anders ist dies bei der Direktbelieferung, bei der die Logistikkosten zum Endkunden verrechnet werden können und hier

Potenziale in der zusätzlichen Generierung von Erträgen innerhalb der Wertschöpfungskette liegen.

2. Analog verhält es sich mit dem Bereich Marketing und Vertrieb. Bei der direkten Belieferung durch die Brauerei ist der brauereieigene Außendienst in der Lage die Konditions- und Preisverhandlungen direkt mit dem Endkunden zu führen und hier durch gutes CRM Management und geschickter Verhandlungstaktik wertschöpfungssteigernde Erträge für das Unternehmen zu erzielen. Anders verhält es sich bei der indirekten Variante. Der Brauereiaußendienst ist an der Preisgestaltung zwischen GFGH und Abnehmer nicht beteiligt. Preisgeber und Rechnungssteller ist der Händler der diesen Teil der Wertschöpfungskette übernimmt und die Erträge hieraus steuern kann.

4 Risiken

Bei der Risikoabschätzung steht die Prüfung und Bewertung der Distributionsalternativen, ob das Modell der Direktbelieferung aus Kosten- und Kundenperspektive zukünftig noch sinnvoll und wirtschaftlich ist, als primäres Ziel. Zum anderen bietet das System des indirekten Distributionssystems eine Vielzahl an Konfliktpotenzial.

4.1 Distributionsalternativen

"Wenn ein Unternehmen mehrere Distributionsalternativen zur Auswahl hat, sollte es sich für denjenigen Kanal entscheiden, der seine Ziele auf lange Sicht am besten erfüllt. Das Unternehmen muss alle Alternativen anhand von wirtschaftlichen Daten, den vorhandenen Steuerungsmöglichkeiten und der Anpassungsfähigkeit des Systems prüfen und bewerten." (Kotler, Armstrong, Wong, & Saunders, 2011, S. 1037) Gerade hier liegt die Schwierigkeit der Risikoabschätzung einer Brauerei in Bezug auf die Entscheidung des Distributionskanals bei Gastronomiekunden.

- Wirtschaftliche Bewertungskriterien: Durch eine Forcierung des indirekten Absatzes reduziert man die Kosten im Bereich Logistik und überträgt diesen Teil der Wertschöpfungskette auf den Handelspartner. Mit einhergehend bei dieser Entscheidung ist aber die Problematik des sozialen Unfriedens in einer Brauerei, da eine mittelfristige Reduzierung der Beschäftigten durch Entlassungen damit verbunden ist.

- Kontrollaspekte: Ein Intermediär in Form eines GFGH wird immer versuchen so viel Kontrolle wie möglich über die Kundenbeziehung zum Endkunden, die Bierproduktpalette in seinem Handelsunternehmen sowie dem gesamten Distributionskanal zu erlangen. Das Risiko liegt hierbei dass die Brauerei versuchen muss so viel Kontrolle wie möglich zu behalten.

- Flexibilität des Systems: Aufgrund von stetigen Umweltveränderungen sollten die Distributionskanäle so flexibel wie möglich gehalten werden. Bei der Entscheidung zur Belieferung über Handelspartner muss darauf geachtet werden dass die Brauerei in der Lage ist das Gastronomieobjekt auch bei Ausfall des GFGH´s beliefern lassen zu können. Dies wäre der Fall wenn ein langfristiger Bierlieferungsvertrag zwischen Brauerei und Gastronomiekunden besteht und der beliefernde Händler durch Insolvenz nicht mehr in der Lage ist dieser Lieferverpflichtung nachzukommen.

- Auswahl der Partner: Hier erfolgt eine Bewertung des Intermediär anhand von Netzwerkstärke und Kooperationsvorteilen. Nicht jeder GFGH besitzt die gleichen Potenziale und Voraussetzungen um ein qualifizierter Distributionspartner zu sein. Eine Premiumbrauerei erwartet von seinen Handelspartnern auch einen entsprechenden Auftritt des Händlers beim Gastronomiekunden. Angefangen von der regelmäßigen und zuverlässigen Belieferung mit einem einwandfreiem Fuhrpark bis hin zum optimalen Kundensupport und Service.

4.2 Distributionssystem

Eine Kooperation mit einem GFGH kann im Einzelfall bedeuten dass die eigenen Unternehmensziele der direkten Logistik den Kooperationszielen zurückstecken müssen. Diese Auseinandersetzungen über Ziele und Rollen können zu ernsten Konflikten innerhalb des Distributionskanals führen. Diese Konflikte können auf zwei Ebenen erfolgen (Kotler, Armstrong, Wong, & Saunders, 2011, S. 1020).

1. Horizontale Konflikte: Konkurrierende GFGH`s geraten aufgrund von aggressiver Preis- und Konditionenpolitik innerhalb und außerhalb ihrer territorialen Grenzen in Konfliktsituationen. Dies geschieht überwiegend bei Biermarken mit hoher Nachfrage im Premiumsegment. Das Bestreben eines jeden Intermediär ist es neue Kunden zu gewinnen wobei diesem die Markenstärke eines Bieres sehr hilfreich ist. Die Brauerei ist dann Teil dieses Konfliktes wenn konkurrierende

Händler sich bei ihren Auseinandersetzungen an den Hersteller zur Lösung des Konfliktes wenden.

2. Vertikale Konflikte: Diese entstehen wenn Intermediäre ihrer Funktion als Absatz Mittler nicht gerecht werden und nur unzureichende Leistungen beim Gastronomischen Endkunden erbringen. Hier besteht das Risiko dass der Kunde sich einen anderen GFGH als Lieferanten sucht und somit auch die Gefahr besteht dass dieser Kunde im selben Wechselvorgang auch die Brauerei wechselt, da der neue Lieferant andere Biere im Sortiment hat und diese forciert.

4.3 SWOT Analyse

Eine gute Möglichkeit der Risikoabschätzung bietet die SWOT Analyse aus Sicht der Brauerei bei der Entscheidung ob eine direkte oder indirekte Absatzpolitik verfolgt werden soll:

Strengths / Stärken	Weaknesses / Schwächen	Oppportunities / Chancen	Threats / Gefahren
Markenimage des Bieres	Wettbewerbsbauereien bereits eng mit GFGH verbunden	Markterschließung	Direktlogistik wird unterwandert
Bestehende Kundenkontakte	Anforderungen des GFGH sehr umfangreich	Schnelle Neukundengewinnung	Verlust an Marktmacht und Einfluss
Möglichkeit den GFGH zu fördern	Keine Erfahrungswerte mit Intermediären	Nachhaltige Kooperationsverbindung	Substituierbarkeit durch andere Brauereien
Kundenloyalität	Differenzierte Preis- und Konditionenpolitik	Nutzung des GFGH Netzwerkes	Abhängigkeit vom GFGH

Abbildung 7: SWOT-Analyse

5 Fazit

Bayerische Brauereien müssen sich zukünftig auf eine noch intensivere Veränderung der Marktgegebenheiten einstellen. Aufgrund wechselnder Konsumgewohnheiten bei den Gästen in der Gastronomie wird sich auch die Beschaffungsmentalität der Gastronomiebetreiber ändern. Hin zu mehr Sortenvielfalt und Individualität. Dies begünstigt die Marktstellung der Getränkefachgroßhändler und der Macht bzw. Einfluss auf die Distribution. Unter Berücksichtigung der Risiken und Schwächen muss eine Brauerei sich schon heute auf das sich zukünftig ändernden Marktumfeld einstellen. Dies bedeutet ja nicht zwangsläufig dass die Direktlogistik einer Brauerei eingestellt und vollkommen auf die Intermediäre übertragen werden muss, aber vielmehr muss unter ökonomischen Gesichtspunkten sowie der Frage der zukünftigen Marktpräsenz und Wettbewerbsfähigkeit ein kooperatives Vertriebssystem implementiert werden. Anhand einer durchgängigen und intensiven SWOT-Analyse sowie der Zieldefinitionen unter Berücksichtigung der Kundenbindungsstrategie ist es möglich eine realistische Risikoabwägung für die Entscheidung des Vertriebsweges zu erhalten. Am Getränkefachgroßhandel führt zukünftig kein Weg mehr vorbei und frei nach dem Motto „Mach Dir deinen Wettbewerber zum Partner" kann hier auf lange Sicht eine Win-Win-Situation geschaffen werden. Sowohl für den Gastronomiekunden, den Getränkefachgroßhändler sowie vor allem für die Brauerei.

6 Literaturverzeichnis

Brauerbund, B. (27. Juli 2011). *Bayerisches Bier*. (B. B. e.V., Herausgeber) Abgerufen am 27. Juli 2011 von http://www.bayrisch-bier.de/index.php?StoryID=261

Bruhn, M., & Homburg, C. (2010). *Handbuch Kundenbindungsmanagement* (7. Ausg.). (C. Homburg, Hrsg.) Wiesbaden: Gabler GWV Fachverlage GmbH.

Bundesamt, S. (k.A.. k.A. 2011). Abgerufen am 10. Juli 2011 von DStatis Wissen Nutzen: http://www.destatis.de/jetspeed/portal/cms/Sites/destatis/Internet/DE/Content/Stati stiken/FinanzenSteuern/Steuern/Verbrauchsteuern/Aktuell,templateId=renderPrint.ps ml

Detroy, E. N., Behle, C., & Hofe, R. (2007). *Handbuch Vertriebsmanagement*. Landsberg am Lech: mi-Fachverlag, Redline GmbH.

Hacker-Pschorr, B. (1. Januar 2011). *Erfolgreiche Wirte - Seminarreihe*. Abgerufen am 15. Juli 2011 von http://www.hacker-pschorr.de/service/seminare/2011/index.php

Kotler, P., Armstrong, G., Wong, V., & Saunders, J. (2011). *Grundlagen des Marketing* (5. Ausg.). München: Pearson Education Deutschland GmbH.

Nieschlag, R., Dichtl, E., & Hörschgen, H. (2002). *Marketing* (19. Ausg.). Berlin: Duncker & Humblot GmbH.

Specht, G. (1998). *Distributionsmanagement* (3. Ausg.). (R. Köhler, & H. Meffert, Hrsg.) Stuttgart Berlin Köln: W. Kohlhammer GmbH.

Winkelmann, P. (2004). *Marketing und Vertrieb* (4. Ausg.). München: Oldenbourg Wissenschaftsverlag GmbH.

Winkelmann, P. (2008). *Vertriebskonzeption und Vertriebssteuereung* (4. Ausg.). München: Verlag Franz Vahlen GmbH.